DIE MAKLIKE BEGINNERS GIDS OM TE LEER PROGRAMMERING IN PYTHON.

2

Vrolik

4

5

Inleiding tot Python

Python, 'n gewilde algemene doel hoëvlak programmeertaal. Dit is deur die Python-stigting ontwikkel nadat dit in 1991 deur Guido van Possum geskep is. Programmeringssintaksis wat ontwerp is om kode makliker te lees, laat programmeerders toe om hul gedagtes met minder kode uit te druk.

Die Python-programmeertaal verseker vinniger werk en meer suksesvolle stelselintegrasie.

Die mees algemeen gebruikte weergawes van Python is Python 2 en Python 3. Die twee verskil baie. Twitter is 'n dinamiese taal wat saamgestel en geïnterpreteer word met behulp van greepkode. Die tipes veranderlikes, parameters, funksies en metodes word nie in die bronkode verklaar nie. Jy offer tipe kontrolering in die bronkode tydens samestelling tyd, maar dit lei tot kort, buigsame kode.

Beskryf Python.

Guido van Possum het in die 1980's die universele programmeertaal Python ontwikkel, wat teen 2023 die gewildste programmeertaal ter wêreld sal wees omdat dit baie buigsaam, aanpasbaar en geskik is vir beginners.

Die mees gebruikte en maklikste om te leer programmeertaal is Python. Dit bied 'n sterk gemeenskap en gespesialiseerde hulpbronne, sowel as 'n wye reeks werksgeleenthede oor alle sektore en beroepe heen. Volgens die PYPL- en TIOBE-ranglys het Python C verbygesteek om vanaf Junie 2023 die voorste programmeertaal te word.

• Python is ontwerp vir 'n wye reeks toepassings en nie om spesifieke probleme op te los nie, soos:

• Outomatisering, datawetenskap, webontwikkeling, sagteware-ontwikkeling, analise

Python is maklik om te gebruik en te onderrig.

As gevolg van die gemak van gebruik en begrip, is Python 'n geskikte keuse vir beginners. Die taal het die eenvoudigste sintaksis van enige programmeertaal wat vandag gebruik word, wat dit die mees toeganklike maak. Daarbenewens geniet natuurlike taal voorrang bo alle ander programmeertale. Python se gemak van gebruik en begrip laat jou toe om roetines baie vinniger te skep en uit te voer as met ander programmeertale. Python se gewildheid het aansienlik gegroei, deels as gevolg van die gemak waarmee programmeerders van alle vlakke kode kan verstaan en skep.

Gebruik Python in webontwikkeling

Volgens webontwikkelingskenners word Python as een van die nuttigste programmeertale beskou. Die beskikbaarheid van die verskillende toepassings met klaargemaakte oplossings vir basiese webontwikkelingstake verhoog die spoed van 'n enkele projek.

Veelsydige programmeertaal

Python is bekend vir sy aanpasbaarheid, wat dit moontlik maak om vir verskillende take gebruik te word. Kom ons ondersoek Python-gebruiksgevalle in meer besonderhede.

Masjienleer en datavisualisering.

Python kan gebruik word om data te visualiseer in die vorm van sirkeldiagramme, histogramme en staaf- en lyndiagramme. Boonop kan u datawetenskap meer doeltreffend hanteer deur Python-raamwerke soos Tensor Flow te gebruik.

Analitiese statistieke

Python maak dit maklik om moeilike statistiese berekeninge uit te voer en bespaar tyd en moeite tydens verwerking en evaluering.
Die taal word wyd gebruik in datawetenskap.
Watter pad ook al gekies word, data sal belangrik bly vir die IT-sektor. Tans word Python wyd in datawetenskap gebruik. Kenners wat moderne data-analise-tegnologie gebruik, moet hulself vertroud maak met programmeertale soos Python, aangesien die hoeveelheid data wat

deur hierdie instrumente gegenereer word elke dag toeneem. Om voordeel te trek uit die nuutste voorpunt-tegnologie, moet data-professionals ook op hoogte bly van industrie-ontwikkelings.

'n Wye verskeidenheid geboue en biblioteke.

Python is veral gewild omdat dit ontwikkelaars toegang gee tot dosyne verskillende modules en raamwerke. Hierdie biblioteke en raamwerke maak die taal nuttiger omdat dit minder tyd neem. NumPy, SciPy, Django en ander biblioteke, wat vir verskeie toepassings gebruik word, is van die bekendste Python-biblioteke.

Outomatiseer take en skrifte

Python is veral nuttig as jy produktiwiteit wil verhoog deur herhalende take te outomatiseer of te skryf. Python laat jou toe om verskeie dinge te bespoedig, insluitend

- Herken foute
- lêers omskep
- E-posse gestuur
- Inhoudontdekking op die internet
- Uitskakeling van oortollige data
- rudimentêre wiskundige berekening

Masjienleergereedskap kan Python gebruik.

Python word gebruik in navorsing oor groot data en masjienleer om hierdie velde te bevorder. Python is baie nuttig in die kunsmatige intelligensie-industrie en word ook gebruik in datawetenskap, robotika en ander gebiede van tegnologiese groei.

Python in die onderwys

Universiteitskursusse beklemtoon toenemend taal. Python word dikwels gebruik in gebiede soos datawetenskap, kunsmatige intelligensie, diep leer en ander, wat verduidelik hoekom. Verder is dit van kardinale belang dat skole en maatskappye die taal in hul kurrikulums integreer, aangesien 'n groot aantal studente beplan om werk in die tegnologiesektor te soek.

Roetine take

Python kan ook nie-programmeerders, soos sosialemediabestuurders en joernaliste, help deur hul gewone take te vereenvoudig. Python kan onder meer gebruik word om voorraadlyste outomaties op te dateer, data van tekslêers na sigblaaie te skuif en voorraadwaardes op te spoor.

Aangedryf deur Iota, die Internet of Things (Iota) is 'n groot netwerk van onderling gekoppelde toestelle en tegnologieë wat kommunikasie tussen toestelle en die wolk moontlik maak. Bekende voorbeelde van Iota is:

Die slim huis

Aktiwiteitspoorder vir gekoppelde voertuie

Drabare tegnologie met verhoogde werklikheid.

Vir 'n baie liefdadigheidsgemeenskap.

Een van die oudste en gewildste programmeertale sedertdien. Dit het hom in staat gestel om 'n lewendige gemeenskap van ontwikkelaars en programmeerders te skep. Studente wat Python studeer, kry die ondersteuning wat hulle nodig het om maklik die vereiste vaardighede in die bedryf aan te leer en die regte opleiding te kry.

Kontinuïteit en buigsaamheid

Python is 'n buigsame taal wat programmeerders baie ruimte gee om nuwe idees uit te probeer. Python-kenners sal nie tevrede wees met die status quo nie; Hulle sal probeer om nuwe prosesse, tegnologieë of toepassings te ontwikkel. Ontwikkelaars kan daarop fokus om 'n enkele taal te leer en die meeste van hul vaardighede te maak, wat hulle die onafhanklikheid en buigsaamheid gee wat hulle nodig het.

Installasie- en konfigurasiegids vir Python 3

Python-integrasie op Windows

Daar is vyf installasietegnieke op Windows:

Google App Store

Die volledige Linux-installasie vir die Windows-substelsel.

In hierdie afdeling sal jy leer hoe om te kyk of Python op jou Windows-rekenaar geïnstalleer is. Jy sal ook leer watter van die drie installasietegnieke jy moet kies. Vir meer gedetailleerde installasie-instruksies, sien die handleiding

"Jou Jingo-koderingsomgewing op Windows: Installasie".

Hoe om jou Python-weergawe op Windows te bepaal

Om te bepaal of Danto reeds op jou Windows-rekenaar geïnstalleer is, gebruik opdragreëlprogrammatuur soos PowerShell.

As 'n wenk, hier is hoe om PowerShell te begin:

Druk Win en tik PowerShell om te begin.
Sit die sleutel in.
Deur met die rechtermuisknop op die Start-knoppie te klik, kan jy kies tussen Windows PowerShell en Azure PowerShell (Admin).
Jy kan ook Windows Terminal of cmd.exe gebruik.

Let wel: Vir meer inligting oor Windows-terminaalopsies, sien Gebruik die terminale in Windows.

Maak die opdragreël oop, tik die volgende opdrag en druk Enter:

die opdrag "python --Python weergawe 3.8.4"
Jy kan die geïnstalleerde weergawe sien met die --version opsie. Alternatiewelik kan jy die -V opsie gebruik:

Python -V 3.8.4 kan gevind word in C:
In elk geval, as jy 'n weergawe laer as 3.8.4 sien , wat die nuutste weergawe was toe hierdie artikel geskryf is, moet jy jou installasie opdateer.

Die twee instruksies hierbo sal die Microsoft Store begin en jou na die Python-toepassingsbladsy neem as jy nie reeds 'n weergawe van Python op jou rekenaar geïnstalleer het nie. In die volgende deel sal jy leer hoe om die Microsoft Store-installasie te voltooi.

As jy nuuskierig is, kan jy die Where.exe-opdrag in PowerShell of cmd.exe gebruik om die installasiepad te vind:

Wat is die sintaksis in Python?

Alle beginsels wat gebruik word om sinne in Python-programmering te konstrueer, word deur Python-sintaksis gedefinieer.

Byvoorbeeld, om die Engelse taal te verstaan, moet ons grammatika bestudeer. Net so, om die Python-taal te bemeester, moet jy eers die grammatika daarvan bestudeer en verstaan.

'n Voorbeeld van sintaksis in Python

Python se duidelike grammatikale struktuur dra by tot sy gewildheid.

U kan 'n idee kry van hoe programmering in Python is deur vinnig na 'n eenvoudige Python-toepassing te kyk.

Gebruik 'n eenvoudige Python-program om te kyk of iemand in aanmerking kom om te stem.

print("Voer jou naam in:") nadat jy die gebruikersnaam gekry het.

Kry die gebruiker se ouderdomdruk ("Voer jou ouderdom in:") naam = invoer()

ouderdom is gelyk aan int (invoer())

Indien (ouderdom >= 18), bepaal of die gebruiker gemagtig is of nie: print(naam, "kan stem".

Alternatief: druk (naam, 'nie stemgeregtig nie.')

Python-datastrukture

vinniger toeganklik, afhangende van die situasie. Die fundamentele deel van enige programmeertaal en die basis van enige **lys.**

Die program is die datastruktuur. Python is makliker om te leer as ander programmeertale wanneer dit kom by die begrip van die beginsels van hierdie datastrukture. Lyste in Python is soos tabelle in ander tale, dit wil sê versamelings van data wat op 'n ordelike wyse aangebied word. 'n Lys is baie buigsaam omdat die komponente nie van dieselfde tipe hoef te wees nie. Lyste in Python is soortgelyk aan vektore in C++ of lyste van skikkings in Java. Die duurste aksie is om 'n lid boaan die lys by te voeg of te verwyder, want alle komponente moet geskuif word. Die koste om aan die einde van die lys te verwyder of in te voeg, kan styg as die nuut-toegekende RAM heeltemal uitgeput is.

Om te illustreer, skep 'n Python-lys

Lys = druk(Lys) [1, 2, 3, "GFG", 2.3].

tupel

'n Python-tupel is 'n versameling Python-voorwerpe, soortgelyk aan 'n lys, behalwe dat tupels inherent onveranderlik is, wat beteken dat hul komponente nie verander of bygevoeg kan word sodra dit gegenereer is nie . 'n Tupel kan komponente van verskillende tipes hê, soortgelyk aan 'n lys.

Deur 'n "komma" te gebruik om 'n reeks waardes te verdeel, met of sonder hakies om die reeks data te organiseer, skep 'n tupel in Python.

Dit is ook moontlik om tupels uit 'n enkele element te skep, maar dit is moeiliker. Een element tussen vierkantige hakies is nie genoeg nie; Om dit na 'n tupel om te skakel, word die volgende "komma" vereis.

28

Voorbeeld: **Python-tupelbewerkings.**

Snare word gebruik om 'n tupel te skep.
Tuple = ('Geeks', 'For')
print("Gebruik 'n string in 'n tuple:")
druk (tupels)

Lys1 = [1, 2, 4, 5, 6] print("Tuple using List:") skep 'n tuple deur 'n lys te gebruik.
Tuple is gelyk aan Tuple (lys1).

# Gebruik indeksering om toegang te verkry tot 'n drukelement ("Eerste element van tuple")
druk(Tuple[0])

Toegang tot die laaste element van 'n tupel met behulp van negatiewe indeksering druk ("Laaste element van tuple") druk (Tuple[-1])

druk ("Derde voorlaaste element van die Tuple")
druk(tuple[-3])
Python-string-skikkings van grepe wat Unicode-karakters verteenwoordig, vorm stringe. 'n String kan beskou word as 'n onveranderlike versameling karakters. 'n Enkele karakter in Python is net 'n string van lengte 1, want daar is geen karakterdatatipe nie.

Aangesien kanale nie geredigeer kan word nie, word 'n nuwe kanaal geskep.

Tipes Python-operateurs: Die Python-programmeertaal ondersteun die volgende tipes operateurs.

Vergelykingsoperateurs (verhoudingsoperateurs) vir rekenkunde
Taak operateur
Slim operateurs
Bit operateurs
Seisoenkaartjiehouers
Individuele operateurs
Kom ons kyk kortliks na elke operateur.

Rekenkundige operateurs in Python

Operateurs uitgevoer deur Python. Hierdie bewerkings sluit optel, aftrek, vermenigvuldiging, deling, modulus, blootstelling en minimum deling in.

Voorbeeld van operateurnaam + optelling Trek 10 van 20 af om 30 te kry. Vermenigvuldiging: 20 - 10 = 10 Deling van 10 * 20 = 20020/10 = 2% Aarde se modulusverdeling 22% 10 = 2 Eksponent 4 ** 2 = 169/ /2 = 4

Vergelykingsoperateurs in Python

Die waardes aan beide kante van 'n vergelykingsoperateur in Python word vergelyk om hul verhouding te bepaal. Vergelykingsoperateurs is 'n ander naam vir hulle. Hierdie operateurs is gelyk aan, nie gelyk aan nie, groter as, minder as, groter as of gelyk aan, en minder as of gelyk aan.

Voorbeeld operateur naam != Nie gelyk aan 4 != 5 is waar. == Dieselfde as 4 == 5 is nie waar nie. Dit is nie waar nie: groter as 4 > 5. Minder as 4 uit 5 is waar. Dit is nie waar dat 4 >= 5 of groter as of gelyk aan 4 is nie.
As 4 minder as of gelyk is aan 5, dan is 5.

Opdragoperateurs in Python

Veranderlikes kan waardes toegeken word deur Python-opdragoperateurs te gebruik. Hierdie operateurs sluit basiese toewysingsoperateurs in, sowel as optel-, aftrek-, vermenigvuldigings-, deling- en toewysingsoperateurs.

'n Voorbeeld van 'n operateurnaam is "opdrag". Opdrag a += 5 (Gelyk aan a = a + 5) Operator a = 10 +

Aftrekprobleem: a -= 5 (gelyk aan = a - 5)

Vermenigvuldigingsprobleem: a *= 5 (gelyk aan = a * 5)

Subprobleem: a = a/5 (ook genoem a = a/5)

Toekenning %= oorblywende a%= 5 (gelyk aan aa = a%)

Ken die eksponent aa = 2 toe (ook bekend as a = a**2)

Toewysing van die verdeling van die vlak gelyk aan 3 (d.i. a = a // 3)

Bitwise operateurs in Python

Bitsgewyse operateurs werk bietjie vir bietjie en manipuleer stukkies. Kom ons kyk na die geval waar a = 60 en b = 13. In hierdie geval sal hul waardes in binêre vorm onderskeidelik 0011 1100 en 0000 1101 wees. Die bitsgewyse operateurs wat in die Python-taal toegelaat word, word in die tabel hieronder saam met 'n voorbeeld gelys. dekade. Ons gebruik die twee veranderlikes hierbo genoem (a en b) as operande.

Logiese operateurs in Python

Die Python-programmeertaal ondersteun die volgende logiese operateurs. Gestel veranderlike a bevat 10 en veranderlike b bevat 20,

Vereniging operateurs in Python

Assosiasie-operateurs in Python kyk na 'n stel elemente, soos snare, lyste of tupels. Soos hieronder beskryf, is daar twee intekeningoperateurs.

Vorms

'n Python-lêer met die agtervoegsel.py wat in 'n ander Python-program ingevoer kan word, word 'n module genoem.

Die modulenaam word vervang deur die Python-lêernaam.

1) Klasdefinisies en die implementering daarvan word by die module ingesluit. 2) veranderlikes; en 3) Funksies wat intern gebruik kan word.

Werk met modules maak die kode herbruikbaar, wat 'n voordeel van modules is.

Eenvoud: In plaas daarvan om op die hele onderwerp te fokus, fokus die module op 'n klein aspek daarvan.

Omvang: Om ID-konflikte te vermy, spesifiseer 'n module 'n unieke naamruimte.

Stel 'n vorm op

Skep 'n vorm met 'n enkele funksie
Hierdie sagteware skep 'n funksie genaamd "Module" en stoor dit in 'n lêer genaamd Yashi.py (die lêernaam plus die agtervoegsel .py).

Skep 'n vorm met verskeie funksies.

Ons het vier funksies in hierdie toepassing ontwikkel: optelling, vermenigvuldiging, aftrekking en deling.

Noem die dokument Operations.py

Eienskappe

'n Funksie is 'n stukkie kode wat slegs uitgevoer word wanneer dit opgeroep word. Jy kan parameters (data) aan 'n funksie verskaf.

Daarom kan 'n funksie data terugstuur.

Verskeie funksies

1.   Pasgemaakte funksies: Pasgemaakte funksies is funksies

wat ons ontwikkel om 'n spesifieke taak uit te voer.

Soos u in die Yashi.py-voorbeeldlêer hierbo kan sien, het ons ons eie funksie geskep om sommige bewerkings uit te voer.

Voordele van pasgemaakte kenmerke

Pasgemaakte funksies maak programme makliker om te verstaan, in stand te hou en te ontfout deur hulle in hanteerbare afdelings te verdeel.
wanneer 'n program herhalende kode het. Hierdie programme kan in 'n funksie geplaas word wat opgeroep kan word vir uitvoering wanneer nodig.

Verduidelik die term 'objekgeoriënteerde programmering'.

Die objekgeoriënteerde programmering (OOP) paradigma vir rekenaarprogrammering organiseer sagteware-ontwerp rondom data of objekte, eerder as funksies en logika. 'n Dataveld wat sekere kenmerke en gedrag vertoon, word 'n objek genoem.

In OOP is die klem meer op die voorwerpe wat programmeerders wil manipuleer as op die logika wat nodig is om dit te doen. Toepassings wat kompleks, groot en gereeld opgedateer of onderhou is, is goed geskik vir hierdie ontwikkelingstyl. Dit sluit ontwerp- en produksiesagteware en mobiele toepassings in. Byvoorbeeld, stelselsimulasieprogrammatuur kan geskep word met behulp van objekgeoriënteerde programmering.

As gevolg van die struktuur van objekgeoriënteerde sagteware, is die strategie voordelig in samewerkende ontwikkeling wanneer projekte in groepe verdeel word. Objekgeoriënteerde programmering bied ook voordele in doeltreffendheid, skaalbaarheid en kode hergebruik.

Wat is Python-lêerbestuur?

Benewens die skep, oopmaak, byvoeging, lees en skryf, ondersteun Python ook …
Lêerbestuur is 'n algemene taak in programmering. Python se ingeboude metodes om lêers te genereer, oop te maak en toe te maak, vereenvoudig lêerbestuur. Wanneer 'n lêer oopgemaak word, laat Python ook verskeie aksies op die lêer toe, soos lees, skryf of data byvoeg.

Hoe hanteer Python lêerbewerkings?

- Gebruik Python se open() metode om 'n lêer oop te maak

- "r": Hierdie modus dui aan dat die lêer slegs vir lees beskikbaar is.
- Die "w"-modus dui aan dat die lêer slegs oop is vir skryf.

...

- Die uitvoer van hierdie program word by die vorige uitvoer van hierdie lêer gevoeg, soos aangedui deur modus "a".

Wat is ontfouting en fouthantering?

Daarom is fouthantering 'n manier om te verhoed dat 'n potensieel verwoestende fout ' n program stop. In plaas daarvan kan jou toepassing die gebruiker op 'n baie meer gebruikersvriendelike manier waarsku wanneer 'n probleem voorkom, terwyl dit jou steeds toelaat om beheer oor die program te behou.

Wat bedoel jy met fouthantering?

Fouthantering in samestellerontwerp

Enige probleme moet opgespoor en aan die gebruiker gerapporteer word. Jy moet dan 'n herstelplan ontwikkel en implementeer om die probleem op te los. Die verwerkingspoed van die program moet nie stadig wees tydens die hele proses nie. Foutopsporing is 'n funksie van 'n fouthanteerder.

Wat is API's en biblioteke?

'n Biblioteek is 'n versameling toepassings wat saamwerk om verwante take of dieselfde werk in groepe uit te voer. Eenvoudig gestel, 'n biblioteek lyk soos 'n groot stuk kode. 'n API is die koppelvlak wat jy gebruik om met 'n ander stelsel te kommunikeer, wat 'n biblioteek kan wees. 'n API word oor die algemeen beskou as 'n groep metodes en funksies.

Wat behels die gebruik van API's?

Maar ons is so bly jy het gevra! API's is 'n noodsaaklike deel van ons digitale wêreld, wat miljarde digitale ervarings elke minuut van die dag aandryf. Die afkorting API staan vir "Application Programming Interface". API's is 'n tipe sagteware-koppelvlak wat twee toepassings toelaat om te kommunikeer.

Python data-analise

Data-analise is die proses van die insameling, verwerking en organisering van data om voorspellings oor die toekoms te maak en ingeligte besluite te neem gebaseer op die data. Dit is ook nuttig om moontlike antwoorde op besigheidsprobleme na te vors. Data-analise word in ses fases verdeel. Soos volg:

Versoek of fasiliteer dataversoeke

Datavoorbereiding of -insameling, skoonmaak, verwerking, ontleding, deel, verslagdoening.

- Wat is die sewe stappe van data-analise?
- Volg hierdie stappe om die data behoorlik te evalueer:

- Stel 'n doel. Bepaal eers die hoofdoelwitte en doelwitte van jou data-analise.
- Kies die toepaslike tipe data-analise wat jy wil gebruik.
- Bepaal 'n data-insamelingstrategie.
- Versamel en maak data skoon.
- Ontleed die inligting.
- Sien inligting.
- Beskrywende navorsing.

Hoe kan jy Python gebruik om toegang tot SQL te verkry?

Die ODBC-bestuurder vir SQL Server laat jou toe om vanaf Python aan SQL Server te koppel.

Meld eers aan. pock nan = pyodbc.connect import('DRIVER=Dearth ODBC Driver for SQL Server'; Server: My

Server; Database: My Database; Port: My Port; User ID: My Ushered; Password: My Password Exceeds ')

Die tweede stap is om 'n lyn in te voeg.

Stap drie: Voer die navraag uit.

Hoe kry Python toegang tot 'n MySQL-databasis?

Python-verbinding met 'n MySQL-databasis

Installeer die aanmeldmodule vir MySQL. Python MySQL-verbinding kan geïnstalleer word met die pip-opdrag.

Installeer die MySQL-aanmeldmodule.

Gebruik die connect() tegniek.

Gebruik die Cursor() funksie.

Gebruik die run() funksie.

Kry die resultaat met fetchall().

Maak die verbinding en wyservoorwerpe toe.

Het Python sy plek in webontwikkeling?

Python laat webontwerpers toe om webwerwe te skep deur verskillende programmeringsparadigmas te gebruik. Dit is byvoorbeeld geskik vir beide funksionele programmering (FP) en objekgeoriënteerde programmering (OOP). Ons artikel oor FP en OOP verduidelik die verskille tussen die twee.

Python is 'n pragtige taal. Die reëls is kort, eenvoudig en lekker om te leer. Alhoewel dit 'n gewilde keuse vir beginners is, is Python ook kragtig genoeg om sommige van die wêreld se bekendste produkte en toepassings van soos NASA, Google, IBM, Cisco, Microsoft en Industrial Light & Magic uit te voer .

Python staan uit op verskeie gebiede, insluitend webontwikkeling. Die baie raamwerke wat in Python aangebied word, sluit in Bottle.py, Flask, CherryPy, Pyramid, Django en web2py. Hierdie raamwerke word gebruik deur sommige van die gewildste webwerwe ter wêreld, insluitend Yelp, Mozilla, Reddit, Washington Post en Sportily. Die lesse en artikels in hierdie afdeling dek benaderings tot die ontwikkeling van webtoepassings in Python, met die klem op die ontwikkeling van lewensvatbare oplossings vir probleme waarmee gewone mense werklik hulp nodig het.

Voordele van Python

- Python is maklik om te gebruik en te leer vir nuwe gebruikers. Hierdie hoëvlak-programmeertaal het 'n sintaksis soortgelyk aan Engels. Hierdie faktore maak die taal makliker om aan te leer en by aan te pas. In vergelyking met Java en C, benodig Python minder reëls kode om dieselfde resultaat te behaal. Python-konsepte kan vinniger toegepas word as dié in ander tale, want dit is makliker om te leer.

- Verbeterde resultaat: Python-taal is redelik doeltreffend. Die eenvoud daarvan laat ontwikkelaars toe om te fokus op die oplossing van Python-probleme. Meer werk word gedoen omdat gebruikers nie ure hoef te spandeer om die sintaksis en funksies van die programmeertaal te bestudeer nie.

- Buigsaamheid: Gebruikers kan nuwe dinge probeer omdat hierdie taal baie veelsydig is. Gebruikers kan verskeie nuwe soorte toepassings skep deur die Python-programmeertaal te gebruik. Die taal verhoed nie die gebruiker om unieke dinge te ervaar nie. Python word meer algemeen gebruik as ander programmeertale in sekere kontekste omdat dit meer vryheid en buigsaamheid bied.

- Groot Biblioteek: Wanneer Python gebruik word, het die gebruiker toegang tot 'n groot biblioteek. Python se uitgebreide standaardbiblioteek bevat feitlik al die funksies wat jy nodig het. Dit is danksy sterk ondersteuning van die plaaslike gemeenskap en korporatiewe befondsing. Python-gebruikers gebruik nie eksterne biblioteke nie.
- is baie jare gelede ontwikkel en het 'n gevestigde gemeenskap wat ontwikkelaars van alle ervaringsvlakke kan help, van beginners tot kundiges. Ontwikkelaars kan die Python-programmeertaal vinniger en deegliker leer met

die taal se uitgebreide gidse, tutoriale en dokumentasie. Danksy sy ondersteunende gemeenskap het Python vinniger gegroei as ander tale.

Die nadele van Python

Ons het reeds verskeie redes gesien waarom Python ' n lewensvatbare opsie vir jou projek is. Maar as jy hierdie pad kies, moet jy ook die resultate dophou.

- Kom ons kyk nou na die beperkings van Python in vergelyking met ander tale.

- Spoedbeperkings
- Soos ons gesien het, word Python-kode reël vir reël uitgevoer. Omdat Python

egter 'n geïnterpreteerde taal is, is prestasie dikwels stadig.

- Tensy spoed 'n belangrike ontwerpelement is, is dit egter nie 'n probleem nie.

- 2. Swak blaaiers en mobiele rekenaars
- Python is 'n wonderlike taal aan die bedienerkant, maar baie minder algemeen aan die kliëntkant.

- Boonop word dit selde gebruik om slimfoontoepassings te skep. Die Carbonnelle-toepassing is 'n voorbeeld hiervan.

- Ten spyte van Brython se teenwoordigheid, is dit

minder bekend weens 'n gebrek aan voldoende sekuriteit.

- Ontwerpbeperkings
- Soos u weet, gebruik Python dinamiese tik. Daarom hoef jy nie die veranderlike tipe te definieer wanneer jy die kode skryf nie.

- Klits met 'n eend. Maar wat is dit? Eenvoudig gestel, dit beteken dat enigiets wat soos 'n eend lyk, een moet wees.

- Alhoewel dit kodering vir programmeerders vereenvoudig, kan looptydfoute voorkom.

- 4. Onvoldoende toegang tot die databasis
- Python se databasistoegangslae is ietwat onvolwasse in vergelyking met meer gewilde tegnologieë soos JDBC (Java DataBase Connectivity) en ODBC (Open DataBase Connectivity).

- Dit beteken dat dit minder gereeld in groter maatskappye gebruik word.

- 5. Basies
- Nee, ons maak nie 'n grap nie. Python se eenvoud kan 'n nadeel wees. Dink aan wat ek gedoen het. Ek stel meer belang in Python as Java.

59